ココミル✛
cocomiru

東京

すてきな思い出
作りましょ♪

東京駅丸の内駅舎

粋なEDO文化×最旬トレンド 毎日が新しいTOKYOへ！

どこ行こう？何食べる？何が欲しい？
おしゃれでかわいい東京の街はワクワクでいっぱい！

左から：吾妻橋から見る東京スカイツリー® ／ Sable MICHELLE(P95)／国立競技場

ブラッスリー ポール・ボキューズ ミュゼ
(P90)のランチコース

世界が注目する建築やアート、
ほっと一息つけるスペースも。
一足ごとに発見があるかも

左から：人形焼本舗板倉屋(P35)／お台場の自由の女神像／アニヴェセルカフェ表参道(P58)

レインボーブリッジを望むシースケープ・テラス・ダイニング（P130）

資生堂パーラー 銀座本店ショップ（P138）

猿田彦珈琲とティキタカアイスクリームのお店（P73）

世界のグルメにカラフルスイーツ、
とびきり楽しくて甘〜い時間。
素敵なカフェで

青山フラワーマーケット
グリーンハウス（P50）

和光アネックス ティーサロン（P26）

BE：SIDE表参道店（P51）

crisscross(P50)のテラス席

下町におしゃれなアトリエ、
え？ こんなところに緑の空間が!?
まだまだあるかも。探して探して…

水天宮(P34)の
福むすび絵馬

生活道具屋 surou n.n.(P34)の一輪挿し

上:犬印鞄製作所(P108)
下:Maito Design Works(P110)

carmine design factory!(P111)

東京ではずせない観光スポットは?

まずは最旬スポットを おさえましょう

2023年11月にオープンした麻布台ヒルズ (☞P89) をはじめ、渋谷駅近くにShibuya Sakura Stage (☞P63) がオープンするなど、新スポットが続々とオープンしている。そのほか、大定番の銀座や浅草エリアに加え、蔵前 (☞P110) や両国 (☞P112)、人形町 (☞P34) などの下町エリアにも、小さな雑貨店やカフェが増えているので訪れてみよう。

緑豊かな麻布台ヒルズ。多様さが際立つコンパクトシティと話題

開発が続く渋谷駅南側エリアもマストチェック

表参道・原宿・青山(☞P48)もぜひ立ち寄りたい

ターミナル駅として多くの人が利用する東京駅

東京の旅の起点は?

主な発着地は、東京駅・ バスタ新宿・羽田空港です

電車利用なら東京駅、長距離バスではバスタ新宿やバスターミナル東京八重洲、飛行機では羽田空港 (☞付録P29) が起点になる。東京駅とバスタ新宿のある新宿駅は、JR線、地下鉄、私鉄など、多くの路線が乗り入れているので、どこに行くのも便利。羽田空港からは、東京モノレールや京浜急行線、リムジンバスが各方面に出ている。

東京へ旅する前に 知っておきたいこと

観光、グルメ、ショッピングと盛りだくさんの東京。
観光のポイントや移動のハウツーを事前に把握して、
スマートな旅を楽しみましょう。

日数はどのくらいがベスト？

行きたい場所によりますが 1〜2泊がおすすめです

都内を観光するなら、1〜2泊がベスト。1泊2日の場合は、午前中に到着し、2日目は夕方くらいまで時間があると、ゆっくりと楽しめる。ショッピングや街歩きをのんびり満喫したいなら、2泊3日以上がおすすめ。観光と合わせて、ゆとりあるスケジュールを組むことができる。

老舗とトレンド店が並ぶ銀座（☞P18）

谷根千（やねせん☞P124）など老舗が軒を連ねるエリアも注目！

老舗と新店が並ぶ銀座（☞P18）

計画する時に気をつけることは？

開店時間や定休日に 注意しましょう

主な百貨店は10時30分、ショップは11時に開店するところが多く、朝早く到着しても店が開いていない…ということも。夜は20〜21時くらいまで、飲食店は22〜23時頃まで営業しているところも多い。また、浅草や銀座などの老舗は土・日曜、祝日が定休日のところが多いので、注意しよう。

効率よく観光するなら？

はとバスやスカイバス東京を 利用しましょう

主要な観光スポットを半日や1日で巡る「はとバス」（☞P155）や「スカイバス東京」（☞P154）。はとバスは、国会議事堂、東京タワー、浅草寺、東京スカイツリー®など、主要な観光エリアを1日で網羅するコースもある。時間に余裕ができたら、ショッピングや芸術鑑賞などを楽しむのもいい。

黄色の車体でおなじみのはとバス

2階建てで迫力満点の景色が楽しめるスカイバス

都内の移動手段は？

JRと地下鉄を中心に
充実の交通網を利用しましょう

東京はJRや地下鉄の路線が多く、交通網が充実している。多くの路線は10分と空けずに次の電車が来るので、利用しやすい。ひと駅なら徒歩10分ほどで行ける場合も多く、時間に余裕があれば徒歩で、急いでいる場合は渋滞に気をつけてタクシーを利用するのも手だ。

赤いレンガが美しい
東京駅丸の内駅舎

雨の日や荷物が多いときは
タクシー利用も便利

街歩きの楽しみ方は？

建物やショーウインドーを
眺めつつ歩きましょう

個性的な建築物や、商品がセンスよく飾られたショーウインドーも多いので、目的地に向かう途中も、景観を楽しみながら散策しよう。丸の内や銀座、表参道には、著名な建築家が手がけた建物も多いので要チェック。一人で気軽に入れるカフェもたくさんあるので、気になるお店を見つけたら休憩を。

ウインドーショッピングも楽しい

カフェも多いので、
散策途中のひと休みに

銀座・表参道・丸の
内にはハイセンスな
店がいっぱい

お店オリジナルの
かわいい紙袋にも
テンションUP！

食事はどこでする？

何でも揃うグルメな街で
絶品料理を味わいましょう

テレビや雑誌で紹介されている人気店から、江戸〜昭和初期に創業した老舗まで、さまざまなグルメが揃う。東京駅周辺（☞P36）には、各国の本格料理を提供する店が多い。浅草（☞P98）や上野（☞114）では、江戸っ子の粋を感じられる老舗の味に舌鼓。どの店も予約をしておくと安心だ。

老舗パーラーが提供するフルーツサンドは散策途中に（☞P64）

浅草周辺には江戸時代から続く老舗が多い。東京ならではの味をぜひ（☞P104）

東京みやげはどこで買う？

東京駅や羽田空港でも
定番＆話題のみやげが揃います

東京駅（☞P44）の構内や駅周辺、羽田空港ビル（☞付録P28）には、定番みやげから話題のスイーツまで、さまざまな店が並ぶ。かわいい雑貨も充実しているので、お見逃しなく。駅弁や空弁も選ぶのに困るほどの充実ぶりだ。どちらも広いので、帰りに寄る場合は、時間に余裕をもって。

東京駅や羽田空港には限定みやげも多い。自分用も忘れずに！

おすすめのシーズンってあるの？

春はお花見、秋は紅葉を
夏と冬はバーゲンも！

東京の桜の見頃は3月下旬〜4月上旬。人気の高い上野恩賜公園（☞P115）や千鳥ヶ淵緑道（☞P39）へは、時期を合わせて訪れてみたい。紅葉は11月下旬〜12月上旬に見頃となる。ショッピングを満喫したい人は、7月上旬〜と1月初旬〜のバーゲンシーズンが狙い目。

約1200本の桜が咲く上野恩賜公園（☞P118）。日本三大夜桜の一つに数えられる

東京って
こんなところ

多彩なカルチャーが集まり、トレンドの最先端をいくエリアと、昔ながらの下町風情が混在する東京。自分に合ったスタイルで楽しんで。

◆ 観光でおさえたい 9エリアを覚えよう

観光スポットは、主にJR山手線を中心とした9エリアにある。東京観光の定番・東京スカイツリー®からは、江戸の雰囲気が残る浅草や上野へのアクセスが便利。老舗が点在する銀座や、最新のファッションを楽しめる原宿・表参道・青山、渋谷、六本木、新宿など、それぞれのエリアに特徴がある。ターミナル駅の東京駅は駅ナカが充実しているのも魅力。

◆ 観光の前に情報集め

東京観光情報センターならば、最新の情報集めに最適。場所はバスタ新宿3階だけでなく、京成上野駅（駅改札口前）など。観光資料を集めたり、説明してもらったりすることもできる。

◆ 荷物を預けるには？

大きな荷物は、東京駅グランスタ内にあるクロークサービスの利用が便利。8時30分〜20時30分、1個700円（大きさ制限あり）で預けられる。利用する駅のコインロッカーを使うのもいい。

▲新宿駅東口ならばどこへ行くのにも便利

しんじゅく
新宿
・・・P70

駅周辺には百貨店やファッションビルが集結。戦後から続く思い出横丁や、緑豊かな新宿御苑もある。

▼雑誌などで紹介される店も多い

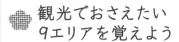

おもてさんどう・はらじゅく・あおやま
表参道・原宿・青山
・・・P48

多彩なショップが入るファッションビルやおしゃれなカフェが多いエリア。近代アートの美術館やギャラリーも点在。

池袋

新大久保

JR中央線

① 新宿

代々木

原宿

表参道

③ 渋谷 ② ⑧ 六本木

東急東横線

恵比寿

代官山 大崎 品川

中目黒

京浜急行線

東京メトロ銀座線

しぶや
渋谷
・・・P60

駅周辺に商業ビルが立ち並ぶ最先端の街。少し足をのばして奥渋谷や代官山へ向かうと、駅周辺とは異なる落ち着いた雰囲気だ。

◀商業ビルのはしごも楽しい

うえの
上野 ④

・・・P114

動物園や美術館、博物館が多い
エリア。アメ横商店街は、いつも
活気にあふれている。

▲アメ横では食べ歩きを

▲浅草寺への参拝はマスト

あさくさ
浅草 ⑤

・・・P98

東京観光の定番である浅草寺
があるエリア。東京スカイツリー®
へのアクセスの拠点にもなる。

とうきょうえき・まるのうち
東京駅・丸の内 ⑥

・・・P36

駅ナカ、駅ソトにみやげ物店が軒を連ね
る東京駅。丸の内エリアには、大正から
昭和期にかけての貴重な建物が残る。

▲赤レンガが美しい東京駅は必見

ぎんざ・にほんばし
銀座・日本橋 ⑦

・・・P18

ハイブランドの本店のほか、長く愛され
る老舗や百貨店が集まる。世界の有名
スイーツ店なども多いので要チェック。

▲銀座を代表するビル
「SEIKO HOUSE GINZA／和光」

路線図

JR山手線

東武スカイツリー
ライン

東京メトロ
銀座線

とうきょう
スカイツリー

押上
(スカイ
ツリー前)

上野 ④

浅草 ⑤

秋葉原

東京メトロ
日比谷線

⑥
東京駅・
丸の内

JR京葉線

新木場

都営浅草線

泉岳寺

新橋

⑦ 銀座

舞浜

浜松町

東京
モノレール

ゆりかもめ

東京ディズニー
リゾート

天王洲
アイル

⑨ 台場

りんかい線

東京
テレポート

羽田空港

東京湾

ろっぽんぎ・あざぶ
六本木・麻布 ⑧

・・・P86

六本木ヒルズや東京ミッ
ドタウンには、アパレルショ
ップや雑貨店、レストラ
ンが集まる。周辺には美
術館も多い。

展望台からシティビューを
楽しめる六本木ヒルズ▶

おだいば・とよす
お台場・豊洲 ⑨

・・・P126

東京湾を望むベイエリア。大型
商業施設が複数あり、ショッピ
ングクルーズが楽しい。景色の
いい海沿いのテラスは必訪。

▲自由の女神像がシンボル

出発ー！

10:30 東京駅

駅構内には話題のスイーツ店も。東京駅限定品もあるので要チェック（☞P36）。

11:00 表参道ヒルズ

高級ブランドショップをはじめ、約100店舗が揃う最先端ビルでショッピング（☞P59）。

ランチは「ブレッツカフェクレープリー表参道店」へ。本場のガレットが楽しみ（☞P58）。

14:00 明治神宮

パワースポットとしても人気の明治神宮で開運祈願。パワーチャージも忘れずに（☞P54）。

カフェで少し休憩

18:00 渋谷ヒカリエ

夜のパフェ…

表参道・原宿エリアから渋谷へは、お散歩がてら代々木公園（☞P67）を通って。

347CAFE&LOUNGE（☞P64）でカフェタイム。都会のオアシス的な店でちょっとひと休み。

©Shibuya Hikarie

約200店舗が集まる渋谷ヒカリエ（☞P63）では、最先端のショッピングが楽しめる。

「1日の締めに美味しいパフェで〆て良い夢を」がテーマの夜パフェ専門店（☞P65）へ。

おはよう！

9:30 東京スカイツリー® 11:00

12:30 浅草

東京の絶景を楽しむなら、空気が澄んでいる午前中がよく見えるのだとか（☞P106）。

かわいい雑貨や洋服など最新アイテムが揃うソラマチ商店街もチェック。

浅草寺に参拝したら、老舗の「弁天山美家古寿司」で江戸前寿司に舌鼓（☞P104）。

人形焼や和雑貨など、約90軒の店が並ぶ仲見世通り（☞P102）を散策しよう。

2泊3日で とっておきの東京観光

次々と新しいショップが誕生し、日々進化する東京。
浅草や銀座、表参道など、いろいろなエリアを巡り、
街の魅力を存分に満喫しましょう。

15:00 銀座・日本橋

銀ぶら♪

「銀座メゾン アンリ・シャルパンティエ」で優雅に午後のティータイムを楽しむ（☞ P26）。

長く愛されている老舗の味をみやげに。本店や銀座店限定品なども多い（☞ P28）。

17:30 BANK

魅力ある街へと変貌を続ける兜町の複合施設 BANK（☞ P30）。金融街での新たな発見にワクワク。

老舗の洋食を

創業約130年という「煉瓦亭」（☞ P24）。オムライスやカツレツが生まれた店の味を満喫しよう。

3日目 おはよう！

11:00 六本木

海抜約250mの場所にある、森美術館（☞ P91）でアートな時間を過ごす。

12:30 六本木ヒルズ

ランチは六本木ヒルズ ヒルサイド1階にある「南翔饅頭店」で絶品点心を（☞ P92）。

六本木ヒルズを巡る

アパレルショップのほか、展望台や美術館もあり、さまざまな楽しみ方ができる（☞ P88）。

「森美術館ショップ」（☞ P88）で有名アーティストとのコラボグッズを購入。

丸の内の建築を見学

17:00 丸の内

街路樹が美しい丸の内エリア。歴史ある建造物を巡るのもおすすめ（☞ P40）。

丸の内周辺は、カフェが充実。思い思いのひとときを過ごすのにぴったり（☞ P41）。

人気グルメをチェック

東京駅や周辺には各国の本格グルメ店が集結。駅ナカにも飲食店がある（☞ P43）。

到着ー！

18:30 東京駅

みやげは駅構内のグランスタや、改札を出てすぐの大丸東京店などで（☞ P44）。

せっかく東京へ来たのですから

4日目はひと足のばしてみませんか？

石畳の街並みをゆっくり散策しましょう

明治・大正時代に栄えた花街の面影を残す神楽坂。和情緒たっぷりの静かな住宅街を歩き、趣あるカフェや雑貨店に立ち寄るのもいい（☞ P80）。

昔ながらの店を巡り下町情緒を感じて

谷中・根津・千駄木界隈、通称「谷根千」をおさんぽ。活気ある商店街や職人技が光る老舗が点在する街は、下町の風情を感じられる（☞ P124）。

ココミル+
cocomiru

東京

Contents

●表紙写真
東京タワー（☞P94）、銀座四丁目交差点、beillevaire 麻布十番店（☞P95）、江戸切子 浅草おじま（☞P141）、猿田彦珈琲とティキタカアイスクリームのお店（☞P73）のアイス、浅草寺（☞P100）の雷門、国立競技場、東京駅丸の内駅舎、隅田川と東京スカイツリー®

旅のプロローグ
粋なEDO文化×最旬トレンド
毎日が新しいTOKYOへ …2
旅する前に知っておきたいこと …6
東京ってこんなところ …10
2泊3日でとっておきの東京観光 …12

ふむふむコラム
江戸前ってどんな味？ …16

個性あふれる
東京の街を歩きましょう …17

銀座・日本橋 …18
大人の街で華やかショッピング …20
愛され続ける店を巡る銀ブラ …22
老舗の洋食店でごほうびランチ …24
雰囲気が素敵なティーサロン …26
手みやげにぴったりの愛されスイーツ …28
日本橋兜町のリノベスポット …30
ココにも行きたい！おすすめスポット …32
レトロかわいい人形町 …34

東京駅・丸の内 …36
皇居周辺の歴史さんぽ …38
丸の内ショッピングクルーズ …40
最旬2大ランドマーク …42
グランスタで探す素敵みやげ …44
東京ミッドタウン日比谷へ …46

表参道・原宿・青山 …48
スイーツでほっこりひと休み …50
大切な人へ贈るアイテム探し …52
東京の中心のパワースポット …54
心を豊かにする美術館めぐり …56
ココにも行きたい！おすすめスポット …58

渋谷 …60
- 進化する渋谷でトレンドチェック …62
- 人気のカフェスイーツ …64
- 奥渋谷で隠れた名店探し …66
- 代官山・恵比寿・中目黒をおさんぽ …68

新宿 …70
- エキチカのファッションビル …72
- エンタメの街でパワーチャージ …74
- レトロな歓楽街・思い出横丁 …76
- コリアンタウン・新大久保 …78
- 神楽坂をふらりとおさんぽ …80
- エンタメ&アニメの街 池袋へ …82
- 映画『ハリー・ポッター』の世界へ …84

六本木・麻布 …86
- 大人の街の3大商業施設 …88
- 六本木アートトライアングル …90
- ヒルズ&ミッドタウンのレストラン …92
- 麻布十番で最旬のスイーツ三昧 …94
- 東京のシンボル・東京タワー …96

浅草 …98
- 浅草寺をじっくり参拝 …100
- 仲見世通り周辺をぞろぞろ歩き …102
- 下町伝統の味をいただく …104
- 東京スカイツリータウン®へ …106
- かっぱ橋商店街®で生活雑貨探し …108
- モノづくりの街・蔵前 …110
- 江戸の香りが残る両国をおさんぽ …112

上野 …114
- 上野動物園のパンダに合いに行く …116
- 上野恩賜公園でミュージアム鑑賞 …118
- 上野の老舗グルメで舌鼓 …120
- 大明神と天満宮で開運祈願 …122
- 谷根千をのんびりおさんぽ …124

お台場・豊洲 …126
- 4大ランドマークでエンタメクルーズ …128
- 海風を感じるシービューレストラン …130
- 東京の台所・豊洲市場へ …132
- 築地場外市場でグルメを満喫 …134

**一目置かれる
おみやげを探しませんか** …135
- 確かな味の世界のスイーツ …136
- 名店のおいしい味みやげ …138
- 職人技が光るメイドイン東京の逸品 …140
- 自然派オーガニックコスメ …142

**ホテル選びで
東京ステイが充実します** …143
- 一度は泊まってみたい憧れホテル …144
- 個性派ホテルで充実ステイ …146
- 便利で快適なシティホテル …148

- 東京ディズニーリゾート® …150

- 東京へのアクセス …152
- 東京でのアクセス …153
- バス&水上バスで東京観光 …154

INDEX …156

〈マーク〉
- 観光みどころ・寺社
- プレイスポット
- レストラン・食事処
- 居酒屋・BAR
- カフェ・喫茶
- みやげ店・ショップ
- 宿泊施設

〈DATAマーク〉
- 電話番号
- 住所
- 料金
- 開館・営業時間
- 休み
- 交通
- 駐車場
- 室数
- MAP 地図位置

浅草の老舗が受け継ぐ こだわりの江戸前ってどんな味？

上流階級だけでなく、庶民の食文化も豊かになった江戸時代。江戸前の味を知ったうえで、伝統の味を守る名店を訪ねてみましょう。

Q 江戸前とは？

現代では「江戸風」という意味で使われているが、本来は「江戸城の前」という意味。羽田沖から江戸川河口周辺の沿岸部と、そこでとれた魚介類を指す。また、調理法や風味が江戸の流儀にかなったものも江戸前とよぶ。

Q 代表的な 江戸前グルメは何？

代表格といえば、江戸時代後期に発達した「江戸前寿司」。そのほか、江戸時代前期から親しまれた天ぷら、中期から後期にかけて広まった鰻が有名。寛永年間（1624～1644）あたりに浅草伝法院前で売り始めたそばも江戸前グルメの一つだ。

Q 今も江戸前は 味わえるの？

下町を中心に江戸前を楽しめる店がいくつか残っており、気軽に入れる店も多い。江戸時代から続く老舗のほか、明治に創業した店でも、江戸の味を提供する。歴史情緒を感じながら、江戸前の食べ歩きを楽しもう。

・寿司・

> 華やかな 江戸前寿司

文政10年（1827）に華屋与平がにぎり寿司を考案。輸送手段がない時代に保存性を高め、おいしく提供する工夫として、ネタに下ごしらえを施すようになった。江戸前寿司は酢飯、新鮮なワサビ、使用する魚に合わせて調理した寿司ネタ、煮きり醤油の4つのバランスが重要。ネタは、穴子、小肌、キス、エビが代表選手。

・鰻・

> ふっくら おいしい

江戸時代中期に平賀源内が滋養強壮の効果があると広め、庶民の間でも鰻が親しまれるようになったそう。当時は、江戸城の前を流れていた川でとれた鰻を使用していた。江戸は武士の街だったため、切腹を連想させる腹開きではなく背開きが一般的になった。蒸してから焼くという調理法も江戸ならでは。

・天ぷら・

> ジュワ〜っと ジューシー

江戸時代の中期は屋台がメインで、揚げたての天ぷらを立ち食いするスタイルが主流だった。昔は江戸近海でとれた穴子や芝エビ、貝柱などを、ごま油で香ばしく揚げたものを江戸前といった。

参考文献：『たべもの日本史』多田鉄之助・著 新人物往来社／『江戸川柳飲食事典』渡辺信一郎・著 平文社